CATALOGUE ILLUSTRÉ

CONCOURS A NICE d'un MONUMENT à GARIBALDI

COVRRET & MONTAGNÉ
IMPRIMEVRS - ÉDITEVRS
NICE, 9, RVE SPITALIERI, 9, NICE.

COVRRET & MONTAGNÉ
IMPRIMEVRS - EDITEVRS
NICE, 9, RVE SPITALIERI, 9, NICE.

1885

TABLE

BELLI	1
CHELONI	2
CLASTRIER	3
CONTINI	4
CONTINI & PESCE	5
CORDIER	6
ETEX	7
MAFFEY	8
PANDIANI	9
RAYMONDI	10
RAYMONDI	11
SARTORIO	12
STECCHI	13
SYAMOUR	14
TRABUCCO	15

BELLI.
Hauteur : 10m50

CHELONI

Hauteur 9ᵐ

CLASTRIER
Hauteur 10m

CONTINI
Hauteur 10ᵐ

CONTINI & PESCE

Hauteur 15m60.

CORDIER
Hauteur 10ᵐ75.

ETEX
Hauteur 12 m.

MAFFEY
Hauteur 9ᵐ

PANDIANI
Hauteur 15 ᵐ

RAYMONDI

Hauteur 10ᵐ

RAYMONDI
Hauteur 10ᵐ

SARTORIO

Hauteur 12ᵐ

STECCHI

Hauteur 7m50

SYAMOUR

Hauteur 10^m

TRABUCCO

Hauteur 10ᵐ50.

www.ingramcontent.com/pod-product-compliance
Lightning Source LLC
Chambersburg PA
CBHW060518050426
42451CB00009B/1049